쉽고 재미있는 초등 한자 익힘책

KB184525

쑥쑥
급수한자
쓰기노트

6급 상

허은지 · 박진미 공저

J PLUS

各 각각 각
角 뿔 각
界 지경 계
計 셀 계
高 높을 고
公 공평할 공
共 함께 공
功 공 공

果 실과 과
科 과목 과
光 빛 광
球 공 구
今 이제 금
急 급할 급
短 짧을 단
堂 집 당

代 대신할 대
對 대할 대
圖 그림 도
讀 읽을 독
童 아이 동
等 무리 등
樂 즐길락/음악악
利 이로울 리

理 다스릴 리
明 밝을 명
聞 들을 문
半 반 반
反 돌이킬 반
班 나눌 반
發 필 발
放 놓을 방

部 떼 부
分 나눌 분
社 모일 사
書 글 서
線 줄 선
雪 눈 설
成 이룰 성
省 살필성/덜생

消 사라질 소
術 재주 술
始 비로소 시
信 믿을 신
新 새 신
神 귀신 신
身 몸 신
弱 약할 약

藥 약 약
業 업 업
勇 날랠 용
用 쓸 용
運 옮길 운
音 소리 음
飮 마실 음
意 뜻 의

作 지을 작
昨 어제 작
才 재주 재
戰 싸움 전
庭 뜰 정
第 차례 제
題 제목 제
注 부을 주

集 모을 집
窓 창 창
淸 맑을 청
體 몸 체
表 겉 표
風 바람 풍
幸 다행 행
現 나타날 현

形 모양 형
和 화할 화
會 모일 회

차례

1단계 재주가 뛰어난 감투 ············· 4
身才 / 堂窓 / 表消 / 社現

2단계 신기한 맷돌과 소금 ············· 12
神和 / 勇省 / 雪發 / 高用

3단계 견우, 직녀의 행복한 만남 ············· 20
業幸 / 短共 / 樂部 / 聞計

4단계 만나지 못한 꽃, 백일홍 ············· 28
會意 / 代成 / 音體 / 戰急

5단계 이익만 챙기고 떠난 김선달 ············· 36
淸昨 / 班利 / 注風 / 線藥

6단계 진리의 물, 해골물 ············· 44
新功 / 界飮 / 明光 / 對理

7단계 혹부리 영감의 노래 ············· 52
角術 / 信放 / 庭等 / 今球 / 形

8단계 천지를 나눈 설문대할망 ············· 60
始運 / 集果 / 公分 / 各第 / 圖

9단계 대결에서 승리한 김삿갓 ············· 68
科題 / 書讀 / 反童 / 弱半 / 作

총정리문제 ············· 77
정답 ············· 86

부수 身(몸 신)　中 身(shēn) 션*

7획　身 身 身 身 身 身 身

몸 신　몸 신　몸 신

몸 신

교과서 한자어 · 心身(심신) : 마음과 몸

부수 扌(手, 재방변)　中 才(cái) 차이

3획　一 ナ 才

재주 재　재주 재　재주 재

재주 재

교과서 한자어 · 人才(인재) : 재주가 뛰어난 사람

부수 土(흙 토)　中 堂(táng) 탕

11획　堂 堂 堂 堂 堂 堂 堂 堂 堂 堂 堂

집 당　집 당　집 당

집 당

교과서 한자어 · 敬老堂(경로당) : 노인들이 모여서 쉴 수 있게 마련한 집

1

부수 穴(구멍 혈)   中 窗(chuāng) 츄앙*

11획 窓 窓 窓 窓 窓 窓 窓 窓 窓 窓 窓

窓

창창   창창   창창

창 **창**

• 車窓(차창) : 기차나 자동차의 창문

부수 衣(옷 의)   中 表(biǎo) 비아오

8획 表 表 表 表 表 表 表 表

表

겉표   겉표   겉표

겉 **표**

• 表面(표면) : 겉으로 드러난 면

氵(삼수변)   消(xiāo) 시아오

10획 消 消 消 消 消 消 消 消 消 消

消

사라질 소   사라질 소   사라질 소

사라질 **소**

• 取消(취소) : 생각이나 약속을 없애 버림

부수 示(보일 시) 中 社(shè) 셔*

8획 社 社 社 社 社 礻 社 社

社

社 모일 사   社 모일 사   社 모일 사

 모일 **사**

· 社會(사회) : 함께 생활하는 사람들의 모임

부수 王(玉 구슬 옥) 中 現(xiàn) 시엔

11획 現 現 現 現 現 現 現 現 現 現 現

現

現 나타날 현   現 나타날 현   現 나타날 현

 나타날 **현**

· 出現(출현) : 없던 것이 나타남

 食 堂
식당

 消 火 器
소화기

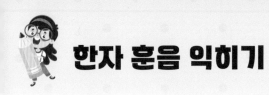

한자 훈음 익히기

1 다음 초성 힌트를 보고 훈음을 쓰세요.

① 現 　ㄴ ㅌ ㄴ ㅎ 　훈　음

② 消 　ㅅ ㄹ ㅈ ㅅ 　훈　음

③ 社 　ㅁ ㅇ ㅅ 　훈　음

④ 窓 　ㅊ ㅊ 　훈　음

⑤ 堂 　ㅈ ㄷ 　훈　음

⑥ 表 　ㄱ ㅍ 　훈　음

⑦ 身 　ㅁ ㅅ 　훈　음

⑧ 才 　ㅈ ㅈ ㅈ 　훈　음

한자 모양 익히기

2 훈음에 맞는 한자를 골라 ○표 하세요.

❶ 겉 표

表
麦

❷ 몸 신

耳
身

❸ 사라질 소

俏
消

❹ 재주 재

才
寸

❺ 모일 사

祉
社

❻ 집 당

堂
室

❼ 나타날 현

現
規

❽ 창 창

悤
窓

교과서 한자어 익히기

3 빈칸에 알맞은 한자를 보기 에서 찾아 쓰세요.

❶
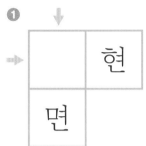
➡ 생각이나 느낌을 겉으로 나타냄
⬇ 겉으로 드러난 면

❷
➡ 마음과 몸
⬇ 개인의 사회적인 위치나 지위

❸

➡ 없던 것이 나타남
⬇ 지금의 사회

❹

➡ 인터넷에서 찾으려고 하는 말을 입력하는 곳
⬇ 기차나 자동차의 창문

❺

➡ 노인들이 모여서 쉴 수 있게 마련한 집
⬇ 건물 안에 식사를 할 수 있게 만든 장소

❻
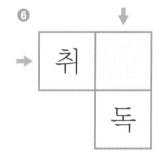
➡ 생각이나 약속을 없애 버림
⬇ 병균을 죽여 없애는 일

❼
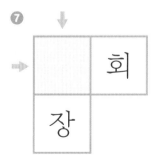
➡ 함께 생활하는 사람들의 모임
⬇ 회사를 대표하는 사람

❽

➡ 태어날 때부터 뛰어난 재주를 갖춘 사람
⬇ 재주가 뛰어난 사람

보기

身　才
堂　窗
表　消
社　現

문장 속 한자 익히기

4 문장 속 한자어의 독음을 쓰세요.

1 마지막 결정은 **社長**님이 내리실 것입니다.

2 그가 **天才**가 아니고서야 이렇게 아름다운 곡을 만들 수 있을까요?

3 층마다 **消火**기를 준비해 두었습니다.

4 우리 저 **食堂**에 들러서 간단히 먹고 가자.

5 가방 **表面**에 커피를 흘려서 얼룩이 졌습니다.

6 며칠동안 이어진 더위에 **心身**이 피로해졌습니다.

7 동네 뒷 산에 멧돼지가 **出現**했다고 합니다.

8 날이 어두워지자 아파트 **窓門**마다 하나둘 불이 켜졌습니다.

월   일   1

칠교판의 각 색깔에 쓰여 있는 뜻과 음에 맞는 한자를 **보기** 에서 찾아 한자를 빈칸 안에 쓰세요.

보기

身 才 堂 窓
表 消 社 現

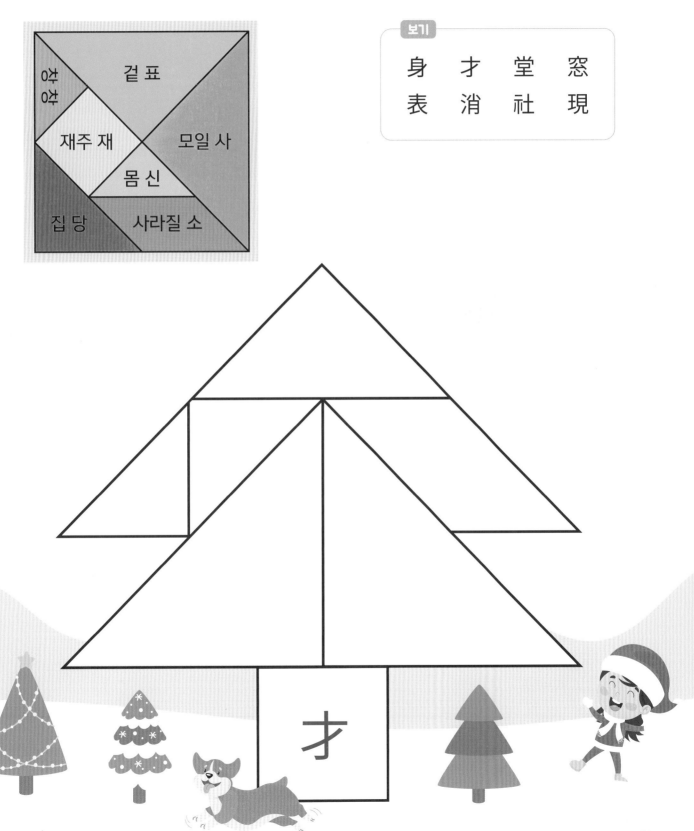

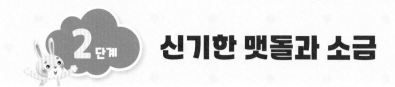

2단계 신기한 맷돌과 소금

부수 示(보일 시) 中 神(shén) 션*

10획 神 神 神 神 和 和 和 和 和 神

神
귀신 신

神 귀신 신
神 귀신 신
神 귀신 신

· 神童(신동) : 재주가 뛰어난 아이

부수 口(입 구) 中 和(hé) 흐어

8획 和 和 千 禾 禾 和 和 和

和
화할 화

和 화할 화
和 화할 화
和 화할 화

· 和解(화해) : 싸움을 멈추고 나쁜 감정을 풀어 없앰

부수 力(힘 력) 中 勇(yǒng) 용

9획 勇 勇 勇 勇 勇 勇 甬 勇 勇

勇
날랠 용

勇 날랠 용
勇 날랠 용
勇 날랠 용

· 勇氣(용기) : 씩씩하고 굳센 기운

2

부수 目(눈 목) 中 省(shěng) 셩*

9획 省 省 省 少 省 省 省 省 省

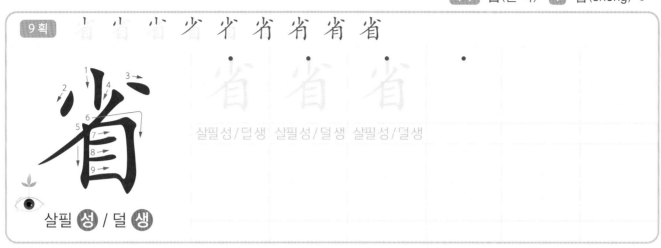

살필성/덜생 살필성/덜생 살필성/덜생

살필 성 / 덜 생

교과서 한자어 · 反省(반성) : 잘못된 게 없는지 돌이켜 봄

부수 雨(비 우) 中 雪(xuě) 슈에

11획 雪 雪 雪 雪 雪 雪 雪 雪 雪 雪 雪

눈설 눈설 눈설

눈 설

교과서 한자어 · 暴雪(폭설) : 갑자기 많이 내리는 눈

부수 癶(필발머리) 中 发(fā) 파*

12획 發 發 發 發 發 發 發 發 發 發 發 發

필발 필발 필발

필 발

교과서 한자어 · 發表(발표) : 여럿에게 드러내어 알림

10획 高 高 高 高 高 高 高 高 高 高

高 高 高
높을고 높을고 높을고

높을 고

• 高速(고속) : 빠른 속도

5획 月 几 月 月 用

用 用 用
쓸용 쓸용 쓸용

쓸 용

• 活用(활용) : 충분히 잘 이용함

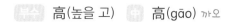

發 表
발표

暴 雪
폭설

한자 훈음 익히기

월   일

1 다음 초성 힌트를 보고 훈음을 쓰세요.

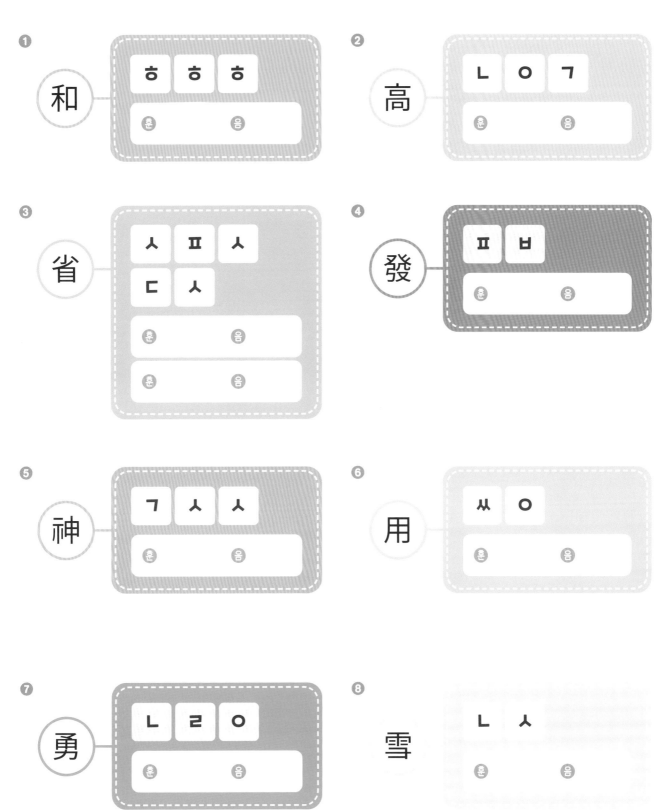

① 和 — ㅎ ㅎ ㅎ / 훈   음

② 高 — ㄴ ㅇ ㄱ / 훈   음

③ 省 — ㅅ ㅍ ㅅ ㄷ ㅅ / 훈 음 / 훈 음

④ 發 — ㅍ ㅂ / 훈   음

⑤ 神 — ㄱ ㅅ ㅅ / 훈   음

⑥ 用 — ㅆ ㅇ / 훈   음

⑦ 勇 — ㄴ ㄹ ㅇ / 훈   음

⑧ 雪 — ㄴ ㅅ / 훈   음

한자 모양 익히기

2 훈음에 맞는 한자를 골라 ◯표 하세요.

① 눈 설
雪
電

② 귀신 신
神
神

③ 필 발
發
凳

④ 화할 화
和
积

⑤ 높을 고
高
商

⑥ 날랠 용
勈
勇

⑦ 쓸 용
甩
用

⑧ 살필 성/덜 생
省
雀

교과서 한자어 익히기

3 빈칸에 알맞은 한자를 보기 에서 찾아 쓰세요.

①

	제
폭	

➡ 갑자기 많이 내리는 눈
⬇ 쌓인 눈을 치우는 일

②

	기
감	

➡ 씩씩하고 굳센 기운
⬇ 용기 있고 씩씩함

③

평	
	해

➡ 평온하고 화목함
⬇ 싸움을 멈추고 나쁜 감정을 풀어 없앰

④

출	
	표

➡ 목적지를 향해 나아감
⬇ 여러 사람에게 드러내어 알림

⑤

		활
일	회	

➡ 한 번만 쓰고 버림
⬇ 충분히 잘 이용함

⑥

	동
비	

➡ 재주가 뛰어난 아이
⬇ 매우 놀랍고 신기함

⑦

반	
	략

➡ 잘못된 게 없는지 돌이켜 봄
⬇ 줄이거나 뺌

⑧

최	
	속

➡ 빠른 속도
⬇ 가장 높거나 으뜸임

보기

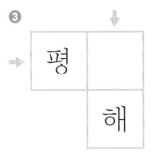

神　和
勇　省
雪　發
高　用

문장 속 한자 익히기

4 문장 속 한자어의 독음을 쓰세요.

1 단군 **神話**에는 곰이 사람으로 변하는 이야기가 나옵니다.

2 우리 축구팀은 넓은 공간을 잘 **活用**하는 팀입니다.

3 용돈을 너무 많이 쓰는 것에 대해 **自省**의 시간을 가졌습니다.

4 나는 사실대로 말할 **勇氣**가 나지 않았습니다.

5 수업시간에 **發表**한 학생은 학기말 성적에 추가 점수를 받았습니다.

6 올해는 조용하고 **平和**로운 연말을 보내기는 어려울 것 같습니다.

7 미술분야에서는 철민이가 나보다 **高手**입니다.

8 산간지역에 **大雪**이 내려서 교통이 두절되었습니다.

신나는 코딩 놀이

로봇이 다음과 같이 움직이기 위해서는 어떤 한자 버튼을 눌러야 하는지 순서대로 한자로 써보세요.

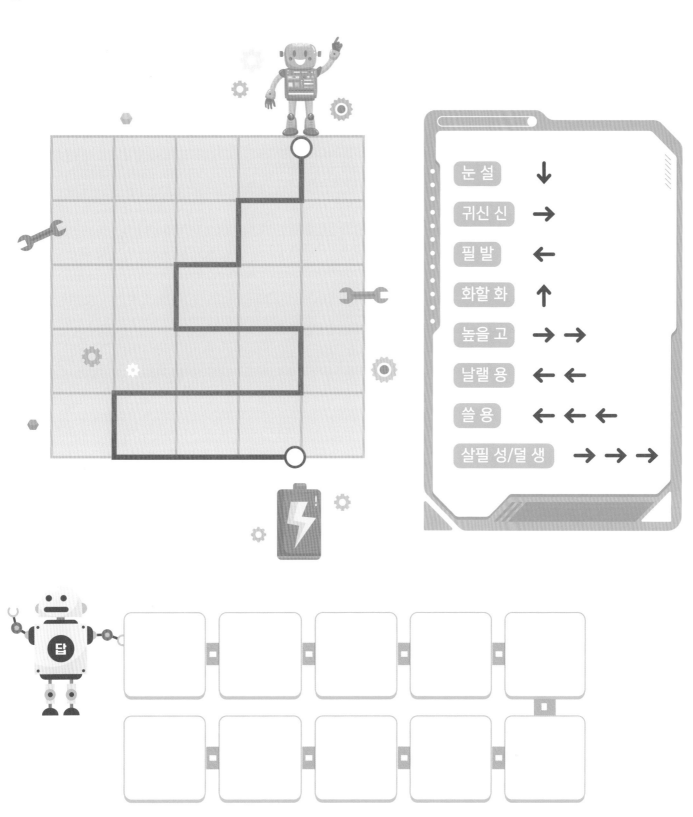

눈 설	↓
귀신 신	→
필 발	←
화할 화	↑
높을 고	→ →
날랠 용	← ←
쓸 용	← ← ←
살필 성/덜 생	→ → →

답

부수 木(나무 목)　中 业(yè) 예

13획 業 業 業 業 業 業 業 業 業 業 業 業 業

업업　　업업　　업업

업 **업**

교과서
한자어
• 開業(개업) : 영업이나 사업을 시작함

부수 干(방패 간)　中 幸(xìng) 씽

8획 幸 幸 幸 幸 幸 幸 幸 幸

다행 행　　다행 행　　다행 행

다행 **행**

교과서
한자어
• 不幸(불행) : 행복하지 아니함

부수 矢(화살 시)　中 短(duǎn) 두안

12획 短 短 短 短 短 短 短 短 短 短 短 短

짧을 단　　짧을 단　　짧을 단

짧을 **단**

교과서
한자어
• 短縮(단축) : 시간이나 거리를 짧게 줄임

3

부수 八(여덟 팔) 中 共(gòng) 꽁

6획 共 共 共 共 共 共

共

共 함께 공
共 함께 공
共 함께 공

함께 (공)

교과서
한자어 ·共用(공용) : 함께 씀

부수 木(나무 목) 中 乐(lè) 르어

15획 樂 樂 白 白 白 白 紳 紳 樂 樂 樂 樂 樂 樂

樂

樂 즐길락 / 음악악
樂 즐길락 / 음악악
樂 즐길락 / 음악악

즐길 (락) / 음악 (악)

교과서
한자어 ·國樂(국악) : 우리나라의 전통 음악

부수 阝(우부 방) 中 部(bù) 뿌

11획 部 部 部 部 音 音 音 音 音 部 部

部

部 떼부
部 떼부
部 떼부

떼 (부)

교과서
한자어 ·全部(전부) : 전체 다, 모두

부수 耳(귀 이)　中 闻(wén) 원

14획 聞 聞 聞 聞 聞 門 門 門 門 閒 閒 聞 聞 聞

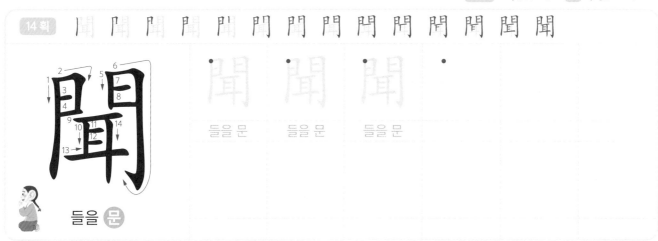

聞 들을 문　聞 들을 문　聞 들을 문

들을 **문**

교과서 한자어 · **所聞**(소문) : 사람들의 입에 오르내리는 말

부수 言(말씀 언)　中 计(ji) 찌

9획 計 計 計 計 言 言 言 計 計

計 셀 계　計 셀 계　計 셀 계

셀 **계**

교과서 한자어 · **計算**(계산) : 수를 헤아리거나 값을 치룸

國 樂
국악

新 聞
신문

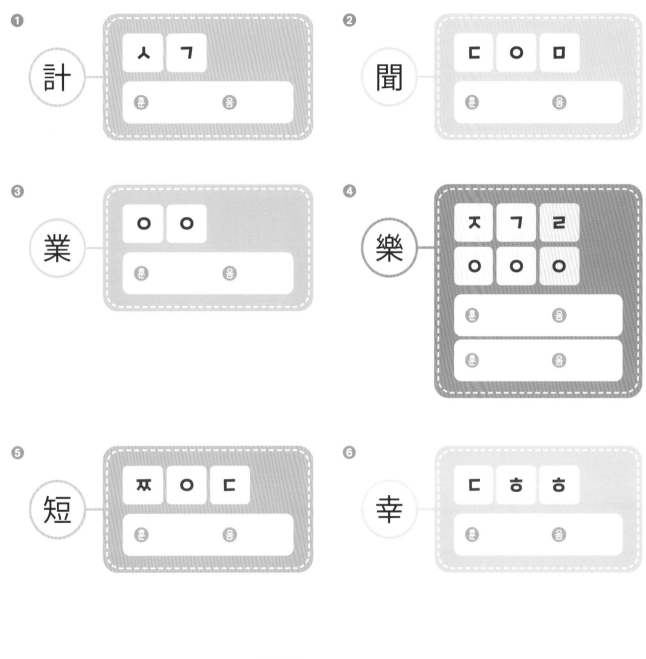

한자 훈음 익히기

1 다음 초성 힌트를 보고 훈음을 쓰세요.

❶
計 — ㅅ ㄱ
훈   음

❷
聞 — ㄷ ㅇ ㅁ
훈   음

❸
業 — ㅇ ㅇ
훈   음

❹
樂 — ㅈ ㄱ ㄹ / ㅇ ㅇ ㅇ
훈   음
훈   음

❺
短 — ㅉ ㅇ ㄷ
훈   음

❻
幸 — ㄷ ㅎ ㅎ
훈   음

❼
共 — ㅎ ㄲ ㄱ
훈   음

❽
部 — ㄸ ㅂ
훈   음

한자 모양 익히기

2 훈음에 맞는 한자를 골라 ○표 하세요.

❶ 즐길 락
음악 악

樂
藥

❷ 업 업

美
業

❸ 떼 부

剖
部

❹ 다행 행

幸
辛

❺ 들을 문

間
聞

❻ 짧을 단

短
桓

❼ 셀 계

訐
計

❽ 함께 공

其
共

교과서 한자어 익히기

3 빈칸에 알맞은 한자를 보기 에서 찾아 쓰세요.

❶

	국 ↓
오 →	

➡ 쉬는 시간에 여러 가지 방법
으로 기분을 즐겁게 하는 일
↓ 나라의 고유한 음악

❷

	점 ↓
축 →	

➡ 잘못되고 모자라는 점
↓ 시간이나 거리를 짧게 줄임

❸

불 →	↓
	운

➡ 행복하지 않음
↓ 좋은 운

❹

전	↓
	분

➡ 전체 다, 모두
↓ 전체를 몇 개로 나눈 것의
하나

❺

	신 ↓
소	

➡ 사람들의 입에 오르내리는 말
↓ 새로운 소식을 보도하는 인쇄
물

❻

↓	산
획	

➡ 수를 헤아리거나 값을 치룸
↓ 앞으로 할 일을 생각해서
정함

❼

개	↓
	적

➡ 영업이나 사업을 시작함
↓ 노력을 들여 이뤄낸 훌륭한
결과

❽

	감 ↓
용	

➡ 다른 사람과 똑같이 생각하거나
느낌
↓ 함께 씀

보기

業	幸
短	共
樂	部
聞	計

문장 속 한자 익히기

4 문장 속 한자어의 독음을 쓰세요.

1 오늘 모임의 식비는 제가 **計算**하겠습니다.

2 이번 **國樂**공연에서는 판소리의 진면목을 볼 수 있었습니다.

3 미국 **西部** 지역에서 생산된 건포도가 대량으로 수입되고 있습니다.

4 우리 모두가 노력한다면 교통사고로 인한 **不幸**을 줄일 수 있습니다.

5 우리반 담임선생님은 아이들의 **長短**점을 잘 파악하고 계십니다.

6 이 화장실은 남녀 **共用**입니다.

7 이 식당은 음식이 맛있다고 **所聞**났습니다.

8 우리 형은 대학원에 진학하여 **學業**을 계속할 계획입니다.

신나는 코딩 놀이

힌트를 보고 블록의 자리에 맞게 색칠하여 코끼리를 완성해 보세요.

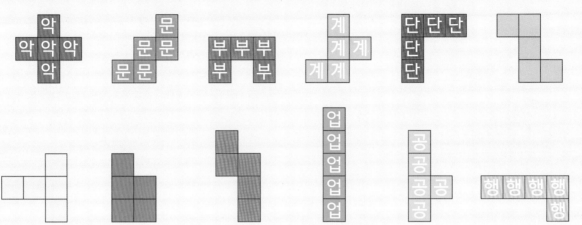

(격자 퍼즐)

		聞			計
			部		
	幸				
短			共		
	樂			業	

부수 曰(가로 왈)　中 会(huì) 후이

| 13획 | 會 會 會 會 會 會 會 會 會 會 會 會 會 |

會

모일 **회**

會 會 會

모일 회　모일 회　모일 회

교과서 한자어
• **會社**(회사) : 이익을 얻기 위해 함께 일하는 모임

부수 心(마음 심)　中 意(yì) 이

| 13획 | 意 意 意 意 意 意 音 音 音 音 意 意 意 |

意

뜻 **의**

意 意 意

뜻의　뜻의　뜻의

교과서 한자어
• **意味**(의미) : 말이나 글에 담긴 뜻

부수 人(사람 인)　中 代(dài) 따이

| 5획 | 代 代 仁 代 代 |

代

대신할 **대**

代 代 代

대신할 대　대신할 대　대신할 대

교과서 한자어
• **時代**(시대) : 역사적으로 어떤 기준에 의하여 구분한 일정한 기간

부수 戈(창 과)   中 成(chéng) 청*

6획   成 成 成 成 成 成

成 이룰성   成 이룰성   成 이룰성

成 이룰 **성**

교과서 한자어 · 完成(완성) : 완전히 다 이룸

부수 音(소리 음)   中 音(yīn) 인

9획   音 音 音 音 音 音 音 音 音

音 소리음   音 소리음   音 소리음

音 소리 **음**

교과서 한자어 · 音樂(음악) : 목소리나 악기로 생각이나 느낌을 나타내는 예술

骨(뼈 골)   体(tǐ) 티

23획   體 體 體 體 體 體 骨 骨 骨 骨 骨 骨 體 體 體 體 體 體 體 體 體 體

體 몸체   體 몸체   體 몸체

體 몸 **체**

교과서 한자어 · 體溫(체온) : 몸의 온도

16획 　戦 戰 戰 戰 戰 戰 戰 閂 閂 閂 閂 單 單 戰 戰 戰

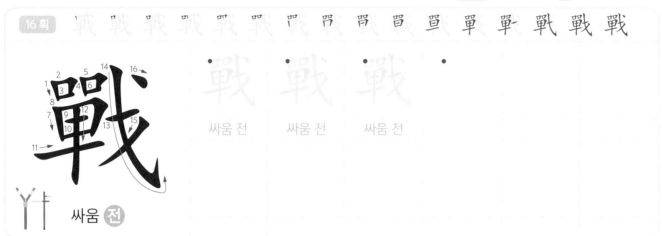

싸움 전　싸움 전　싸움 전

싸움 **전**

교과서 한자어 • 戰爭(전쟁) : 나라와 나라 사이의 싸움

9획 　急 急 급 급 急 急 急 急 急

급할 급　급할 급　급할 급

급할 **급**

교과서 한자어 • 時急(시급) : 시간이 매우 급함

音 樂

음악

體 溫

체온

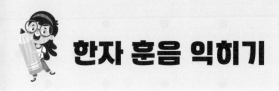

한자 훈음 익히기

1 다음 초성 힌트를 보고 훈음을 쓰세요.

❶ 代   ㄷ ㅅ ㅎ ㄷ   훈   음

❷ 會   ㅁ ㅇ ㅎ   훈   음

❸ 音   ㅅ ㄹ ㅇ   훈   음

❹ 意   ㄸ ㅇ   훈   음

❺ 成   ㅇ ㄹ ㅅ   훈   음

❻ 急   ㄱ ㅎ ㄱ   훈   음

❼ 體   ㅁ ㅊ   훈   음

❽ 戰   ㅆ ㅇ ㅈ   훈   음

한자 모양 익히기

2 훈음에 맞는 한자를 골라 ○표 하세요.

① 소리 음

音
音

② 모일 회

盒
會

③ 몸 체

體
禮

④ 뜻 의

意
息

⑤ 싸움 전

戴
戰

⑥ 대신할 대

伐
代

⑦ 급할 급

急
患

⑧ 이룰 성

戎
成

교과서 한자어 익히기

3 빈칸에 알맞은 한자를 보기 에서 찾아 쓰세요.

❶

	완
찬	

➡ 어떤 행동이나 주장이 옳다고 판단하여 뜻을 같이함
⬇ 완전히 다 이룸

❷

➡ 여러 사람이 어떤 목적을 위해 일시적으로 모임
⬇ 이익을 얻기 위해 함께 일하는 모임

❸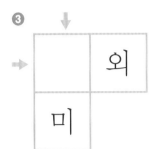

➡ 생각이나 예상을 하지 못함
⬇ 말이나 글의 뜻

❹

➡ 구체적인 모양이 있는 것
⬇ 몸의 온도

❺

➡ 나라와 나라 사이의 싸움
싸우러 나감

❻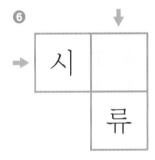

➡ 시간이 매우 급함
⬇ 빠른 속도로 흐르는 물

❼

➡ 역사적으로 어떤 기준에 의해 구분한 일정한 기간
⬇ 대신하여 다른 것으로 씀

❽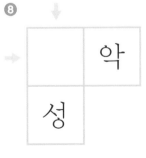

➡ 목소리나 악기로 생각이나 느낌을 나타내는 예술
⬇ 사람의 목소리

보기

會	意
代	成
音	體
戰	急

문장 속 한자 익히기

4 문장 속 한자어의 독음을 쓰세요.

1 며칠동안 **會社**가 쉬는 날이라 가족과 여행을 왔습니다.

2 선수들은 결승전 **出戰**을 앞두고 막바지 훈련에 힘쓰고 있습니다.

3 한강에 떠다니는 오염 물질을 수거하는 일이 매우 **時急**합니다.

4 준영이는 꾸준히 운동을 하면서 **身體**를 단련하고 있습니다.

5 아침에 일찍 일어난 나를 보며 엄마가 **意外**라는 표정을 지으셨습니다.

6 세계 각국의 **代表**들이 회담을 가졌습니다.

7 청소년기는 **成長**이 매우 빠른 시기입니다.

8 카페 안에 잔잔한 재즈 **音樂**이 흐르고 있습니다.

신나는 코딩 놀이

도형을 조합하거나 뺐을 때 어떤 한자가 되는지 한자와 훈과 음을 쓰세요.

보기

| 成 | 意 | 體 | 代 | 會 | 急 | 音 | 戰 |

立	示	單	日	戈	人	心
土	弋	刍	城	城	愴	豊

❶ ▮ + ◆ = ☐ ☐☐☐☐

❷ ▮ + ◆ + ⬠ = ☐ ☐☐☐☐

❸ ● + ▲ + ⬛ − ▲ = ☐ ☐☐☐☐

❹ ▭ + ◣ = ☐ ☐☐☐☐

❺ ★ + ◼ + ⬠ − ★ = ☐ ☐☐☐☐

부수 氵(삼수변) 中 清(qīng) 칭

11획 清 清 清 清 清 清 清 清 清 清 清

清
맑을 **청**

清 맑을 청   清 맑을 청   清 맑을 청

• **清掃**(청소) : 쓸고 닦아서 깨끗하게 함

부수 日(날 일) 中 昨(zuó) 주어

9획 日 日 日 日 昨 昨 昨 昨 昨

昨
어제 **작**

昨 어제 작   昨 어제 작   昨 어제 작

• **再昨年**(재작년) : 지난해의 바로 전 해

부수 王(玉 구슬 옥) 中 班(bān) 빤

10획 班 班 班 班 班 班 班 班 班 班

班
나눌 **반**

班 나눌 반   班 나눌 반   班 나눌 반

• **班長**(반장) : 반을 대표하는 사람

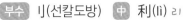
부수 刂(선칼도방) 中 利(lì) 리

[7획] 利 利 利 利 利 利 利

利 利 利

이로울 리 이로울 리 이로울 리

이로울 **리**

교과서 한자어 • 利用(이용) : 필요에 맞게 알맞게 씀

부수 氵(삼수변) 中 注(zhù) 쭈*

[8획] 注 注 注 注 注 注 注 注

注 注 注

부을 주 부을 주 부을 주

부을 **주**

교과서 한자어 • 注意(주의) : 마음에 새겨두고 조심함

부수 風(바람 풍) 中 风(fēng) 펑*

[9획] 丿 几 凡 凡 凤 凤 凮 風 風

風 風 風

바람 풍 바람 풍 바람 풍

바람 **풍**

교과서 한자어 • 颱風(태풍) : 폭풍우를 동반한 열대 저기압

15 획 線 線 線 線 線 線 線 糹 線 線 線 絈 線 線 線

線
線 線 線
줄선 줄선 줄선

줄 선

• 車線(차선) : 차가 다니는 길에 그어 놓은 선

19 획 藥 藥 藥 藥 藥 藥 菥 菥 菥 菥 藥 藥 藥 藥 藥 藥 藥 藥 藥

藥
藥 藥 藥
약약 약약 약약

약 약

• 藥局(약국) : 약사가 약을 만들고 파는 곳

清 掃
청소

颱 風
태풍

한자 훈음 익히기

월 일

1 다음 초성 힌트를 보고 훈음을 쓰세요.

① 線 — ㅈ ㅅ / 훈 음

② 淸 — ㅁ ㅇ ㅊ / 훈 음

③ 風 — ㅂ ㄹ ㅍ / 훈 음

④ 昨 — ㅇ ㅈ ㅈ / 훈 음

⑤ 注 — ㅂ ㅇ ㅈ / 훈 음

⑥ 利 — ㅇ ㄹ ㅇ ㄹ / 훈 음

⑦ 藥 — ㅇ ㅇ / 훈 음

⑧ 班 — ㄴ ㄴ ㅂ / 훈 음

한자 모양 익히기

2 훈음에 맞는 한자를 골라 ○표 하세요.

① 부을 주

注
住

② 맑을 청

晴
清

③ 바람 풍

風
鳳

④ 어제 작

昨
作

⑤ 줄 선

緣
線

⑥ 나눌 반

班
斑

⑦ 약 약

藥
樂

⑧ 이로울 리

杣
利

교과서 한자어 익히기

3 빈칸에 알맞은 한자를 보기 에서 찾아 쓰세요.

❶

차	
	로

➡ 차가 다니는 길에 그어 놓은 선
⬇ 기차의 바퀴가 굴러가도록 레일을 깔아놓은 길

❷

➡ 지난 해
⬇ 지난해의 바로 전 해

❸
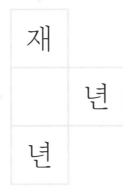

➡ 약사가 약을 만들고 파는 곳
⬇ 약으로 쓰이는 풀

❹
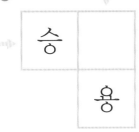

➡ 겨루어서 이김
⬇ 필요에 맞게 알맞게 씀

❺

➡ 바람의 힘으로 날개바퀴를 돌려 기계를 움직이는 장치
⬇ 폭풍우를 동반한 열대 저기압

❻

	문
의	

➡ 상품 배송이나 서비스를 제공해달라고 요구함
⬇ 마음에 새겨 두고 조심함

❼

➡ 맑고 깨끗함
⬇ 쓸고 닦아서 깨끗하게 함

❽

➡ 반을 대표하는 사람
⬇ 옛날에 지배층을 이루던 신분

보기

清	昨
班	利
注	風
線	藥

4 문장 속 한자어의 독음을 쓰세요.

1 이 동네는 교통이 매우 **便利**합니다.

2 음식물을 엎지르지 않도록 **注意**하세요.

3 **班長**이 청소 후에 선생님의 검사를 받기 위해 교무실로 갔습니다.

4 작업차량이 새 고속도로에 **車線**을 긋고 있습니다.

5 **藥草**에서 나는 향기로 정신이 맑아지는 느낌이 들었습니다.

6 올여름은 **昨年** 여름보다 더 덥습니다.

7 **風力**에너지는 환경이 오염될 염려가 없는 친환경 에너지입니다.

8 바위에 앉아 잠깐 쉬는데 **清風**이 귓가를 스치는 느낌이 너무 좋았습니다.

신나는 코딩 놀이

◯ 다음 질문의 답을 순서대로 연결하여 꿀벌의 이동경로를 표시하세요.

5

→ 주 靑 風 昨 年 靑 住

主 淸 昨 線 班 班 昨 年

年 靑 風 年 班 線 靑 住 靑

昨 樂 利 昨 線 淸 樂 淸

線 昨 主 이 롭 다 淸

樂 線 年 風 靑 風

1. '注'의 음은 무엇인가요?
2. '맑다'라는 의미를 가진 글자는 무엇인가요?
3. '풍'이라는 음을 가진 한자는 무엇인가요?
4. '지난해'를 한자로 무엇이라고 하나요?
5. '나누다'는 의미를 가진 한자는 무엇인가요?
6. '줄 선'이라는 훈과 음을 가진 한자는 무엇인가요?
7. '利'의 의미는 무엇인가요?
8. '맑은 바람'이라는 의미의 한자어는 무엇인가요?

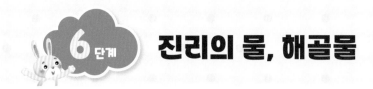

부수 斤(도끼 근) 中 新(xīn) 씬

13획 新 新 新 新 新 新 新 新 新 新 新 新 新

새 신 | 새 신 | 새 신

새 **신**

교과서 한자어 · 新婦(신부) : 이제 막 결혼했거나 결혼하는 여자

부수 力(힘 력) 中 功(gōng) 꿍

5획 功 功 功 功 功

공 공 | 공 공 | 공 공

공 **공**

교과서 한자어 · 功勞(공로) : 일이나 목적을 이루는 데 들인 노력과 수고

부수 田(밭 전) 中 界(jiè) 찌에

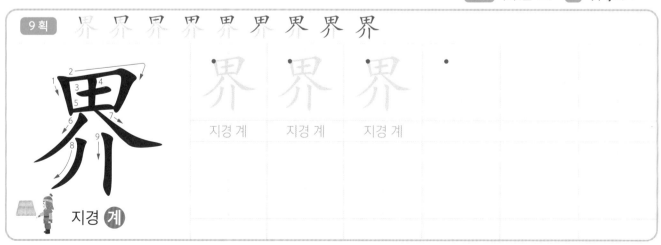

9획 界 界 界 界 界 界 界 界 界

지경 계 | 지경 계 | 지경 계

지경 **계**

교과서 한자어 · 各界(각계) : 사회의 각 분야

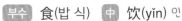

부수 食(밥 식) 中 饮(yǐn) 인

13획 飲 飲 飲 飲 飲 飲 飲 飲 飲 飲 飲 飲 飲

飲

마실 음   마실 음   마실 음

마실 **음**

교과서 한자어 · 飲酒(음주) : 술을 마심

부수 日(날 일) 中 明(míng) 밍

8획 刀 刀 刀 日 明 明 明 明

明

밝을 명   밝을 명   밝을 명

밝을 **명**

교과서 한자어 · 發明(발명) : 지금까지 없던 것을 처음 만들어 냄

부수 儿(어진사람인발) 中 光(guāng) 꽝

6획 光 光 光 光 光 光

光

빛 광   빛 광   빛 광

빛 **광**

교과서 한자어 · 夜光(야광) : 어두운 곳에서 빛을 냄

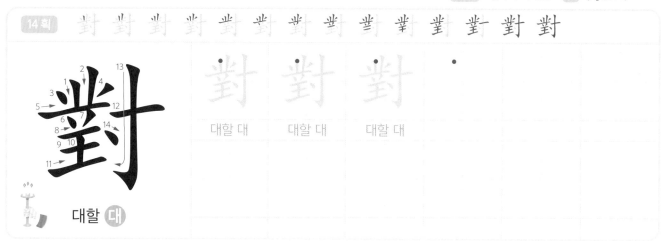

14획 對對對對對對對對對對對對對對

對 대할 대

對 대할 대　對 대할 대　對 대할 대

• 對話(대화) : 마주 대하여 이야기를 주고 받음

11획 理理理理理理理理理理理

理 다스릴 리

理 다스릴 리　理 다스릴 리　理 다스릴 리

• 修理(수리) : 고장나거나 낡은 것을 손보아 고침

對話
대화

修理
수리

한자 훈음 익히기

1 다음 초성 힌트를 보고 훈음을 쓰세요.

❶ 對 ─ ㄷ ㅎ ㄷ / 훈 · 음

❷ 光 ─ ㅂ ㄱ / 훈 · 음

❸ 飮 ─ ㅁ ㅅ ㅇ / 훈 · 음

❹ 功 ─ ㄱ ㄱ / 훈 · 음

❺ 界 ─ ㅈ ㄱ ㄱ / 훈 · 음

❻ 理 ─ ㄷ ㅅ ㄹ ㄹ / 훈 · 음

❼ 明 ─ ㅂ ㅇ ㅁ / 훈 · 음

❽ 新 ─ ㅅ ㅅ / 훈 · 음

한자 모양 익히기

2 훈음에 맞는 한자를 골라 ○표 하세요.

① 밝을 명

朋
明

② 새 신

親
新

③ 빛 광

充
光

④ 공 공

功
功

⑤ 대할 대

對
尌

⑥ 지경 계

养
界

⑦ 다스릴 리

瑝
理

⑧ 마실 음

飮
餹

교과서 한자어 익히기

3 빈칸에 알맞은 한자를 보기 에서 찾아 쓰세요.

❶
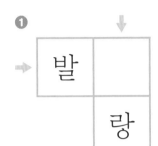

발
랑

➡ 지금까지 없던 것을 처음 만들어 냄
⬇ 밝고 환함

❷
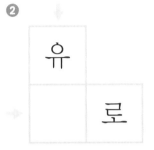

유
로

➡ 일이나 목적을 이루는 데 들인 노력과 수고
⬇ 공로가 있음

❸

요
수

➡ 고장 나거나 낡은 것을 손보아 고침
⬇ 음식을 만드는 일이나 음식

❹

야
선

➡ 어두운 곳에서 빛을 냄
⬇ 빛의 줄기

❺

최
부

가장 새로움
이제 막 결혼했거나 결혼하는 여자

❻
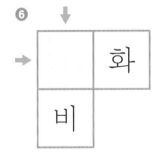

화
비

➡ 마주 대하여 이야기를 주고 받음
⬇ 서로 맞대어 비교함

❼
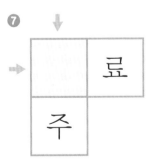

료
주

➡ 마실 것
⬇ 술을 마심

❽

외
경

➡ 나라나 땅이 나뉘는 범위
⬇ 지구 밖의 세계

보기

新	功
界	飮
明	光
對	理

문장 속 한자 익히기

4 문장 속 한자어의 독음을 쓰세요.

1 **發明**가들은 사소한 물건도 그냥 보고 넘기지 않습니다.

2 나는 서울에 오래 살았지만 서울 **地理**에 익숙하지 않습니다.

3 나는 국가 **有功**자이신 할아버지를 늘 명예롭게 생각합니다.

4 저희 대학에 온 **新入生** 여러분을 환영합니다.

5 우리는 **飲食**을 남기지 않고 다 먹었습니다.

6 우리 언니는 어릴때부터 **外界** 생명체에 대한 관심이 많았습니다.

7 진실한 **對話**는 마음을 이어주는 통로가 됩니다.

8 강한 직사 **光線**을 차단하기 위해 커튼을 달았습니다.

신나는 코딩 놀이

자판기의 음료수병에 적힌 한자를 결합하여 한자를 만들 때 다음 조건에 맞는 한자를 찾아서 쓰세요.

조건
- 한 번에 최대 1000원까지 사용할 수 있어요.
- 완성된 글자의 왼쪽부터 숫자를 눌러야 해요.
- 최대 두 번까지 누를 수 있어요.

日	里	力
① ₩400	② ₩500	③ ₩600
工	寸	食
④ ₩300	⑤ ₩600	⑥ ₩500
欠	王	月
⑦ ₩500	⑧ ₩400	⑨ ₩500

보기

新	功
界	飮
明	光
對	理

예 (6) + (7) = 1000원 → 飮 마실 음

     +   =   원 →

     +   =   원 →

     +   =   원 →

부수 角(뿔 각) 中 角(jiǎo) 지아오

7획 角 角 角 角 角 角 角

角

뿔 **각**

뿔각   뿔각   뿔각

• 三角形(삼각형) : 세 개의 선으로 둘러싸인 평면도형

부수 行(다닐 행) 中 术(shù) 슈*

11획 術 術 術 術 術 術 術 術 術 術 術

術

재주 **술**

재주 술   재주 술   재주 술

• 手術(수술) : 의료기기를 사용하여 병을 고치는 일

부수 亻(사람인변) 中 信(xìn) 신

9획 信 信 信 信 信 信 信 信 信

信

믿을 **신**

믿을 신   믿을 신   믿을 신

• 信號(신호) : 소리, 몸짓, 기호로 정보를 전달하거나 지시함

7

부수 攵(등글월문) 中 放(fàng) 팡*

8획 放 放 放 放 放 放 放 放

放 　 放 　 放
놓을 방　놓을 방　놓을 방

放
놓을 **방**

교과서
한자어 ・ 放學(방학) : 일정 기간 동안 수업을 쉬는 일. 또는 그 기간

부수 广(엄 호) 中 庭(tíng) 팅

10획 庭 庭 庭 庭 庭 庭 庄 庭 庭 庭

庭 　 庭 　 庭
뜰 정　뜰 정　뜰 정

庭
뜰 **정**

교과서
한자어 ・ 家庭(가정) : 한 가족이 생활하는 집

부수 竹(대나무 죽) 中 等(děng) 덩

12획 等 等 等 等 等 等 等 等 筝 筝 筝 等

等 　 等 　 等
무리 등　무리 등　무리 등

等
무리 **등**

교과서
한자어 ・ 平等(평등) : 차별없이 고른 것

4획 今 今 今 今

今

이제 금   이제 금   이제 금

이제 금

• 今年(금년) : 올해

11획 球 球 球 球 球 球 球 球 球 球 球

球

공구   공구   공구

공 구

• 地球(지구) : 태양에서 셋째로 가깝고 인류가 살고 있는 행성

7획 形 形 形 形 形 形 形

形

모양 형   모양 형   모양 형

모양 형

• 形便(형편) : 일이 되어가는 모습

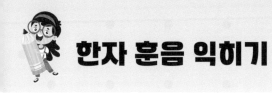

한자 훈음 익히기

1 다음 초성 힌트를 보고 훈음을 쓰세요.

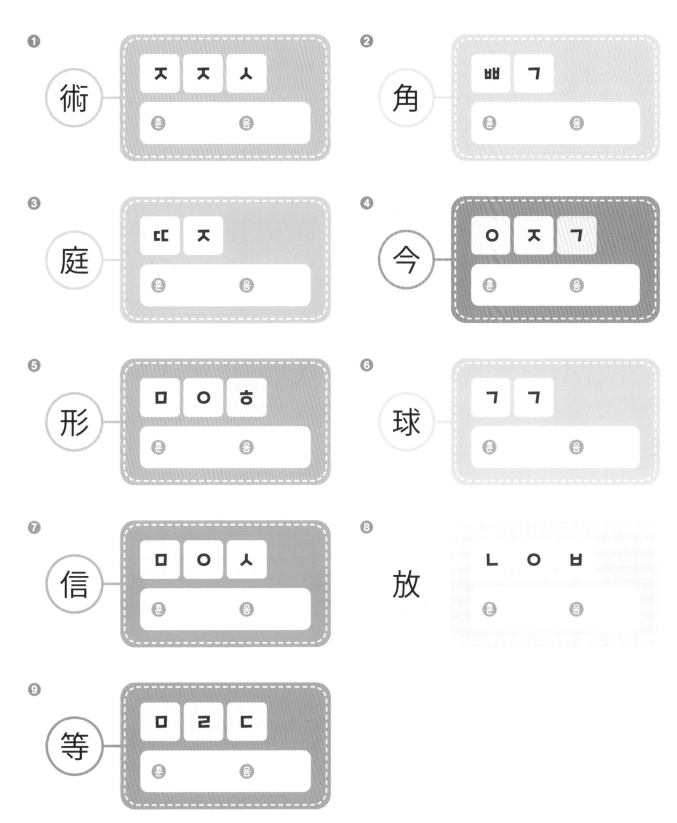

❶ 術 — ㅈ ㅈ ㅅ / 훈 음

❷ 角 — ㅃ ㄱ / 훈 음

❸ 庭 — ㄸ ㅈ / 훈 음

❹ 今 — ㅇ ㅈ ㄱ / 훈 음

❺ 形 — ㅁ ㅇ ㅎ / 훈 음

❻ 球 — ㄱ ㄱ / 훈 음

❼ 信 — ㅁ ㅇ ㅅ / 훈 음

❽ 放 — ㄴ ㅇ ㅂ / 훈 음

❾ 等 — ㅁ ㄹ ㄷ / 훈 음

한자 모양 익히기

2 훈음에 맞는 한자를 골라 ○표 하세요.

① 뜰 정

庭

庭

② 뿔 각

甬

角

③ 무리 등

等

籌

④ 재주 술

術

㯚

⑤ 이제 금

令

今

⑥ 믿을 신

佮

信

⑦ 공 구

捄

球

⑧ 놓을 방

放

效

⑨ 모양 형

形

刑

교과서 한자어 익히기

월   일

3 빈칸에 알맞은 한자를 보기 에서 찾아 쓰세요.   보기   角 術 信 放 庭 等 今 球 形

①
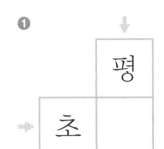

➡ 맨 처음 등급이나 맨 아래 등급
⬇ 차별없이 고른 것

②

각의 크기
세 개의 선으로 둘러싸인 평면도형

③
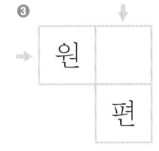

➡ 둥근 모양
⬇ 일이 되어가는 모습

④

일정 기간 동안 수업을 쉬는 일 또는 그 기간
라디오나 텔레비전으로 소리나 영상을 보내는 일

⑤

한 가족이 생활하는 집
집 안에 있는 뜰이나 꽃밭

⑥
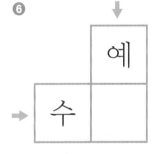

➡ 의료기기를 사용하여 병을 고치는 일
⬇ 아름다움을 표현하는 인간의 활동

⑦
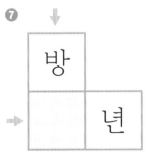

➡ 올해
⬇ 바로 조금 전

⑧
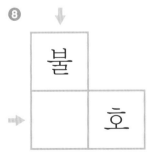

➡ 소리, 몸짓, 기호로 정보를 전달하거나 지시함
⬇ 믿지 않음

⑨

➡ 탁자 가운데 그물을 치고 작은 공을 채로 치고 받는 경기
⬇ 인류가 살고 있는 행성

문장 속 한자 익히기

4 문장 속 한자어의 독음을 쓰세요.

1 여성 선글라스는 원형이 많고 남성 선글라스는 **四角形**이 많습니다.

2 **方今**도 말했듯이 나는 이 일에 아무 상관이 없습니다.

3 그 친구에 대한 **不信**은 하루 이틀에 생겨난 것이 아닙니다.

4 우리 학교 급식은 정말 **形便**없다고 생각한다.

5 방금 전에 **手術**을 마치고 병실로 이동하였습니다.

6 나는 **高等學校** 때 무척 말이 없는 편이었습니다.

7 행복한 **家庭**에는 항상 웃음꽃이 피어납니다.

8 나는 **放學**때마다 시골 외할머님 댁에 갑니다.

9 우리는 하나밖에 없는 **地球**를 아끼고 보존해야 합니다.

쪼개진 한자를 조합했을 때 어떤 한자가 완성되는지 찾아 선으로 연결해 보세요.

一 彡 一 丨 丿 •

ㄅ 冂 土 •

又 士 丶 广 •

竹 一 丨 一 丨 一 丶 •

丶 一 口 亻 一 一 •

万 攵 丶 •

十 丶 一 一 丿 儿 彳 •

丶 人 フ •

一 丨 一 一 一 一 水 丶 •

• 庭

• 角

• 等

• 術

• 今

• 信

• 球

• 放

• 形

부수 女(여자 녀) 中 始(shǐ) 스*

8획 始 始 始 始 始 始 始

始 始 始
비로소 시 비로소 시 비로소 시

비로소 시

· 始動(시동) : 처음으로 움직이기 시작함

부수 辶(쉬엄쉬엄갈 착) 中 运(yùn) 윈

13획 運 運 運 運 運 運 運 運 運 運 運 運

運 運 運
옮길 운 옮길 운 옮길 운

옮길 운

· 運搬(운반) : 물건을 옮겨 나름

부수 隹(새 추) 中 集(jí) 지

12획 集 集 集 集 集 集 集 隻 隻 集 集

集 集 集
모을 집 모을 집 모을 집

모을 집

· 集計(집계) : 이미 된 계산들을 한데 모아서 계산함

부수 木(나무 목)　中 果(guǒ) 구어

8획 　果 果 果 果 果 果 果 果

果　果　果　·

실과 과　실과 과　실과 과

실과 **과**

· 果樹園(과수원) : 과일 나무를 심은 밭

부수 八(여덟 팔)　中 公(gōng) 꽁

4획 　公 公 公 公

公　公　公　·

공평할 공　공평할 공　공평할 공

공평할 **공**

· 公式(공식) : 계산의 법칙을 문자와 기호로 나타낸 식

부수 八(여덟 팔)　分(fēn) 펀*

4획 　分 分 分 分

分　分　分　·

나눌 분　나눌 분　나눌 분

나눌 **분**

· 分業(분업) : 일을 나누어 함

6획 各 各 各 各 各 各

各各 **각**

각각 각   각각 각   각각 각

교과서
한자어
• 各自(각자) : 각각의 사람이 따로따로

11획 第 第 第 第 第 第 第 第 第 第 第

第 **차례 제**

차례 제   차례 제   차례 제

교과서
한자어
• 第一(제일) : 여럿 가운데서 첫째

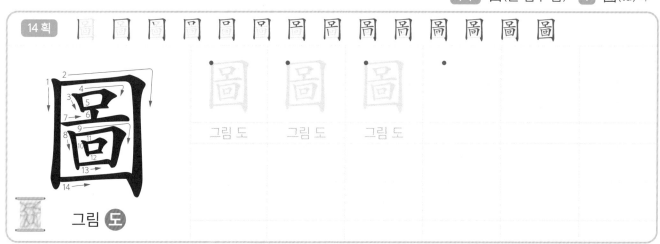

14획 圖 圖 圖 圖 圖 圖 圖 圖 圖 圖 圖 圖 圖 圖

圖 **그림 도**

그림 도   그림 도   그림 도

교과서
한자어
• 圖書(도서) : 글씨, 그림, 책 등을 일컫는 말

한자 훈음 익히기

1 다음 초성 힌트를 보고 훈음을 쓰세요.

① 分 — ㄴ ㄴ ㅂ / 훈 · 음

② 果 — ㅅ ㄱ ㄱ / 훈 · 음

③ 圖 — ㄱ ㄹ ㄷ / 훈 · 음

④ 第 — ㅊ ㄹ ㅈ / 훈 · 음

⑤ 運 — ㅇ ㄱ ㅇ / 훈 · 음

⑥ 始 — ㅂ ㄹ ㅅ ㅅ / 훈 · 음

⑦ 各 — ㄱ ㄱ ㄱ / 훈 · 음

⑧ 公 — ㄱ ㅍ ㅎ ㄱ / 훈 · 음

⑨ 集 — ㅁ ㅇ ㅈ / 훈 · 음

2 훈음에 맞는 한자를 골라 ○표 하세요.

① 공평할 공   公 今

② 비로소 시   殆 始

③ 나눌 분   夯 分

④ 옮길 운   運 遇

⑤ 각각 각   各 名

⑥ 모을 집   隻 集

⑦ 차례 제   第 弟

⑧ 실과 과   某 果

⑨ 그림 도   圖 圓

교과서 한자어 익히기

월   일

3 빈칸에 알맞은 한자를 보기 에서 찾아 쓰세요.   보기   始 運 集 果 公 分 各 第 圖

①

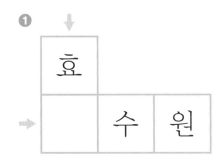

	효
	수	원

➡ 과일 나무를 심은 밭
⬇ 일을 해서 나타나는 보람이나
좋은 결과

②

	작
동	

➡ 어떤 일이나 행동의 첫 단계
를 이룸
⬇ 처음으로 움직이기 시작함

③

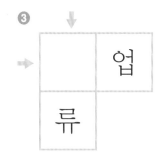

	업
류	

➡ 일을 나누어서 함
⬇ 종류에 따라서 나눔

④

	서
표	

➡ 글씨, 그림, 책 등을 일컫는 말
⬇ 그림으로 보기 좋게 나타낸 표

⑤

행	
	반

행복한 운수
물건을 옮겨 나름

⑥

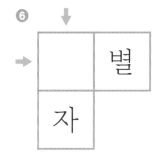

	별
자	

➡ 어떤 일에 대한 마음가짐이
특별함
⬇ 각각의 사람이 따로따로

⑦

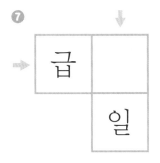

급	
	일

➡ 옛날에 과거시험에서 합격하
던 일
⬇ 여럿 가운데서 첫째

⑧

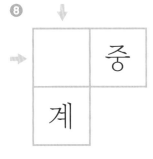

	중
계	

➡ 한 가지 일에 모든 힘을 쏟아
부음
⬇ 이미 된 계산들을 한데 모아
서 계산함

⑨

	식
약	

➡ 계산의 법칙을 문자와 기호
로 나타낸 식
⬇ 어떤 일에 대하여 실행할 것
을 약속함

8단계 始運 / 集果 / 公分 / 各第 / 圖 **65**

문장 속 한자 익히기

4 문장 속 한자어의 독음을 쓰세요.

1 어머니와 아버지는 집안 일을 **分業**하십니다.

2 잔디밭에서 놀다가 **幸運**의 네 잎 클로버를 발견했습니다.

3 자동차의 **始動**을 걸고 출발했습니다.

4 이번 회의는 **成果** 없이 끝났습니다.

5 이 조사 자료들을 참고하여 **圖表**로 그려 주시겠습니까?
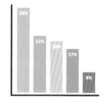

6 우리는 **各自** 출발하여 여의도역에서 모이기로 했습니다.

7 수익금액을 직원들에게 **公平**하게 나누어 주었습니다.

8 책상 앞에 오래 앉아 있어도 **集中**하지 않으면 제대로 공부한 게 아닙니다.

9 나는 과일 중에 수박을 **第一** 좋아합니다.

가로, 세로, 각 모양 안에 한자가 각각 한 번씩 들어 갑니다. 어떤 한자가 들어가는지 써보세요.

보기

公　始　分　運　各　第　圖　集　果

集	果			運		公	分	
		運	公		各			圖
各			公				運	第
	分	始	集	圖			各	
分		各				圖		運
	集	圖		分			公	
圖		運		始	公			集
		分	果					公
	第	公		各		集		

부수 禾(벼 화)　中 科(kē) 크어

9획 科 千 千 禾 禾 禾 禾 科 科

科　科　科
과목과　과목과　과목과

과목 **과**

· **科目**(과목) : 가르치거나 배워야 할 학문을 구분한 것

부수 頁(머리 혈)　中 題(tí) 티

18획 題 題 題 題 題 題 題 題 題 題 題 題 題 題 題 題 題 題

題　題　題
제목제　제목제　제목제

제목 **제**

· **問題**(문제) : 해답을 요구하는 물음

부수 曰(가로 왈)　中 书(shū) 슈*

10획 書 書 書 書 書 書 書 書 書 書

書　書　書
글서　글서　글서

글 **서**

· **書堂**(서당) : 예전에 한문을 가르친 곳

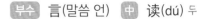

부수 言(말씀 언) 中 读(dú) 두

22획 讀 讀 讀 讀 讀 讀 讀 讀 讀 讀 讀 讀 讀 讀 讀

읽을 독   읽을 독   읽을 독

읽을 독

• 讀後感(독후감) : 책을 읽고 난 뒤의 느낌을 적은 글

부수 又(또 우) 中 反(fǎn) 판*

4획 反 厂 厅 反

돌이킬 반   돌이킬 반   돌이킬 반

돌이킬 반

• 反省(반성) : 자신의 언행에 대하여 잘못이나 부족함이 없는지 돌이켜 봄

부수 立(설 립) 中 童(tóng) 퉁

12획 童 童 童 立 产 产 音 音 童 童

아이 동   아이 동   아이 동

아이 동

• 童話(동화) : 어린이를 위해 지은 이야기

10획 弱 弱 弓 弓 弱 弱 弱 弱 弱 弱

弱

弱 약할 약
弱 약할 약
弱 약할 약

약할 약

• 弱點(약점) : 모자라서 남에게 뒤떨어지는 일

5획 牛 牛 牛 半 半

半

半 반 반
半 반 반
半 반 반

반 반

• 半島(반도) : 삼면이 바다로 둘러싸이고 한 면은 육지에 이어진 땅

7획 作 作 作 作 作 作 作

作

作 지을 작
作 지을 작
作 지을 작

지을 작

• 作業(작업) : 일을 함

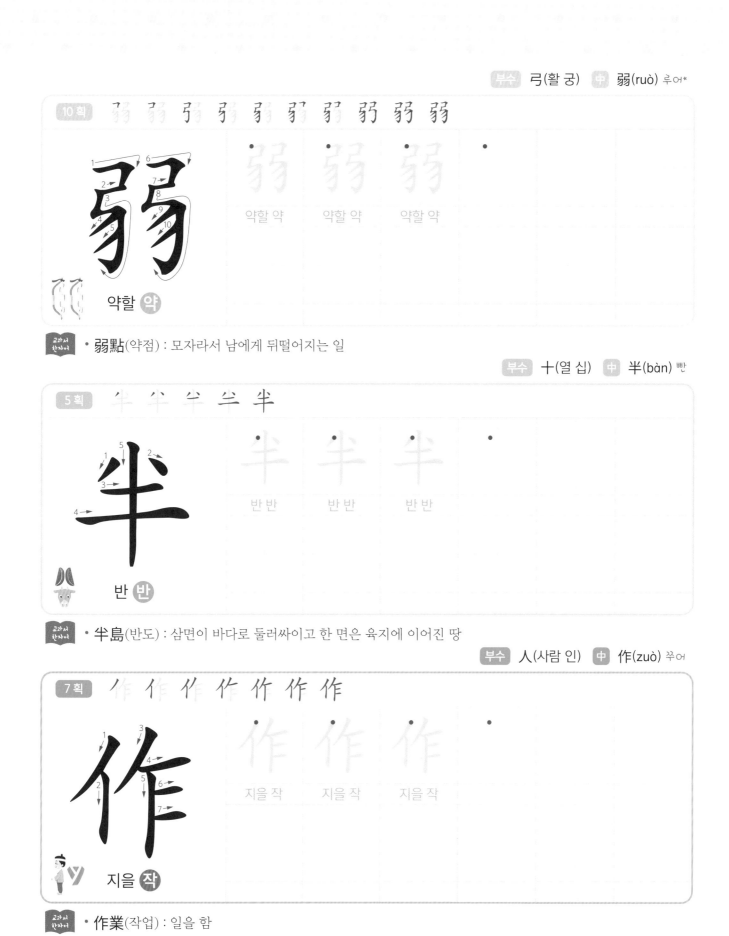

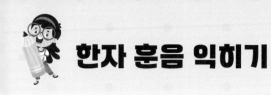

한자 훈음 익히기

월   일

1 다음 초성 힌트를 보고 훈음을 쓰세요.

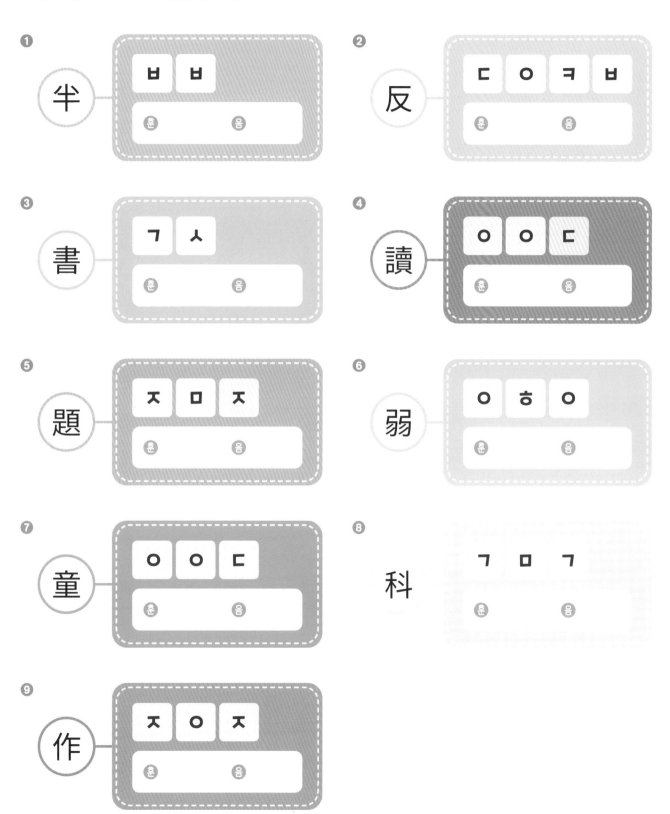

❶ 半　ㅂ ㅂ　훈　음

❷ 反　ㄷ ㅇ ㅋ ㅂ　훈　음

❸ 書　ㄱ ㅅ　훈　음

❹ 讀　ㅇ ㅇ ㄷ　훈　음

❺ 題　ㅈ ㅁ ㅈ　훈　음

❻ 弱　ㅇ ㅎ ㅇ　훈　음

❼ 童　ㅇ ㅇ ㄷ　훈　음

❽ 科　ㄱ ㅁ ㄱ　훈　음

❾ 作　ㅈ ㅇ ㅈ　훈　음

2 훈음에 맞는 한자를 골라 ◯표 하세요.

① 돌이킬 반

皮
反

② 과목 과

科
科

③ 아이 동

産
童

④ 제목 제

題
額

⑤ 약할 약

弱
扇

⑥ 글 서

書
畫

⑦ 반 반

伞
半

⑧ 읽을 독

贖
讀

⑨ 지을 작

作
诈

교과서 한자어 익히기

3 빈칸에 알맞은 한자를 보기 에서 찾아 쓰세요. 보기 科 題 書 讀 反 童 弱 半 作

①

낙	
	당

➡ 장난으로 아무 데나 쓴 글자나 그림
⬇ 예전에 한문을 가르치던 곳

②

➡ 예전에 관리를 뽑을 때 실시하던 시험
⬇ 가르치거나 배워야 할 학문을 구분한 것

③
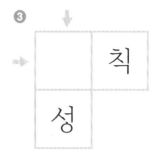

➡ 규정이나 규칙을 어기는 것
⬇ 자신의 말과 행동에 부족함이 없는 지 돌이켜 봄

④

문	
	목

➡ 해답을 요구하는 물음
⬇ 작품을 대표하는 내용을 보이기 위해 펼치는 이름

⑤

➡ 무르고 약함
⬇ 모자라서 남에게 뒤떨어지는 일

⑥
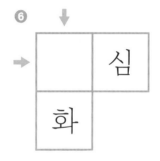

➡ 어린 아이의 마음
⬇ 어린이를 위해 지은 이야기

⑦

	서
후	
감	

➡ 책을 읽음
⬇ 책을 읽고 난 뒤의 느낌을 적은 글

⑧
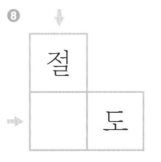

➡ 삼면이 바다로 둘러싸이고 한 면은 육지에 이어진 땅
⬇ 하나를 반으로 가름

⑨
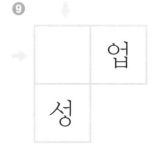

➡ 일을 함
⬇ 서류나 계획을 만듦

문장 속 한자 익히기

4 문장 속 한자어의 독음을 쓰세요.

1 엄마는 아픈 몸을 뒤척이다가 갑자기 **上半身**을 일으켰습니다.

2 이 대학의 **圖書**관은 200만 권의 책을 소장하고 있습니다.

3 이번 중간고사는 **問題**가 너무 쉬웠습니다.

4 나는 매일 밤 하루를 돌아보며 **反省**의 시간을 갖습니다.

5 우리 형은 집보다 **讀書室**에서 공부가 더 잘된다고 합니다.

6 연주는 국어보다는 **科學** 과목을 더 잘합니다.

7 **弱者**를 돕는 것은 당연한 것입니다.

8 유치원 아이들에게는 구연 **童話** 시간이 매우 인기가 있습니다.

9 기자가 사건의 목격자들을 인터뷰한 후에 기사문을 **作成**하고 있습니다.

신나는 코딩 놀이

◯ 한자를 휴대폰에 입력하려고 해요. 획의 순서를 알아야 정확하게 입력할 수 있어요. 빈칸에 이어질 숫자를 쓰고, 어떤 글자가 입력되는지 보기 에서 찾아 써보세요.

보기

科 題 書 讀 反 童 弱 半 作

예 1 3 5 6 → 反

❶ 3 6 1 1 [ ] → [ ]

❷ 3 1 2 3 6 4 4 [ ] → [ ]

❸ 3 2 3 1 2 [ ] [ ] → [ ]

❹ 4 1 6 3 1 2 5 1 [ ] [ ] [ ] → [ ]

❺ 5 1 1 1 2 [ ] [ ] [ ] [ ] → [ ]

총정리문제 ·········· 77

정답 ······················· 86

1 **1** 한자를 획순에 맞게 쓰고 뜻이 반대(상대)되는 한자를 연결하세요.

강 강   서녘 서

가르칠 교   북녘 북

남녘 남   메 산

동녘 동   배울 학

2 문장에 어울리는 단어를 보기에서 찾아 한글로 바꿔 쓰세요.

> 보기   江山   東西   南北   敎學

❶ 서울은 한강을 중심으로 ☐☐☐☐ 으로 나뉜 도시다.

❷ 십 년이면 ☐☐☐☐ 도 변한다더니 동네가 몰라보게 바뀌었다.

총정리문제 **반대말 한자**

2 **1** 한자를 획순에 맞게 쓰고 뜻이 반대(상대)되는 한자를 연결하세요.

사내 남

작을 소

안 내

바깥 외

많을 다

여자 녀

큰 대

적을 소

2 문장에 어울리는 단어를 보기에서 찾아 한글로 바꿔 쓰세요.

보기 多少 大小 男女 內外

❶ 우리 반 학생들의 [   ] 비율은 반반이다.

❷ 경기를 보러 온 관중들이 경기장 [   ] 를 가득 메웠다.

1 한자를 획순에 맞게 쓰고 뜻이 반대(상대)되는 한자를 연결하세요.

늙을 로

어미 모

물을 문

적을소/젊을소

아비 부

대답할 답

윗 상

아래 하

2 문장에 어울리는 단어를 보기에서 찾아 한글로 바꿔 쓰세요.

보기   上下   老少   問答   父母

❶ ⬚ 님의 높고 높은 은혜를 언제 다 갚을 수 있을까?

❷ 이 책은 ⬚ 두 권으로 되어있다.

총정리문제 반대말 한자

4 1 한자를 획순에 맞게 쓰고 뜻이 반대(상대)되는 한자를 연결하세요.

날 생 ●   ● 뒤 후

먼저 선 ●   ● 몸 신

손 수 ●   ● 죽을 사

마음 심 ●   ● 발 족

2 문장에 어울리는 단어를 보기에서 찾아 한글로 바꿔 쓰세요.

> 보기   先後   心身   手足   生死

❶ 병원의 응급실은 그야말로 　　　　　　를 다투는 곳이다.

❷ 오랜만에 산에 오르니 　　　　　　이 다 상쾌해지는 것 같다.

5

1 한자를 획순에 맞게 쓰고 뜻이 반대(상대)되는 한자를 연결하세요.

날 일/해 일

길 장/긴 장

앞 전

왼 좌

뒤 후

달 월

짧을 단

오른 우

2 문장에 어울리는 단어를 보기에서 찾아 한글로 바꿔 쓰세요.

보기   前後   長短   左右   日月

❶ 거울에 비친 모습은 물체의 [　　　　] 가 바뀌어 보인다.

❷ 박 선생님은 우리 반 학생들의 [　　　　] 점을 모두 알고 있다.

6 **1** 한자를 획순에 맞게 쓰고 뜻이 반대(상대)되는 한자를 연결하세요.

하늘 천 · · 아우 제

봄 춘 · · 들 입

날 출 · · 땅 지

형 형 · · 가을 추

2 문장에 어울리는 단어를 보기에서 찾아 한글로 바꿔 쓰세요.

보기   春秋   天地   出入   兄弟

❶ 상점 [   ] 문이 열릴 때 마다 딸랑딸랑 소리가 난다.

❷ 우리 할아버지는 올해 [   ] 가 99세이다.

7 **1** 한자를 획순에 맞게 쓰고 뜻이 반대(상대)되는 한자를 연결하세요.

할아비 조

강할 강

높을 고

나눌 분

낮을 저

손자 손

합할 합

약할 약

2 문장에 어울리는 단어를 보기에서 찾아 한글로 바꿔 쓰세요.

보기   高低   祖孫   分合   強弱

❶ 장구를 칠 때에는 적당히 [   ] 조절을 해야 한다.

❷ 요즘에는 [   ] 이 한 집에 사는 경우가 많지 않다.

8

1 한자를 획순에 맞게 쓰고 뜻이 반대(상대)되는 한자를 연결하세요.

옛 고

저녁 석

아침 조

다닐 행

말씀 언

이제 금

멀 원

가까울 근

2 문장에 어울리는 단어를 보기에서 찾아 한글로 바꿔 쓰세요.

> 보기　　　言行　　朝夕　　古今　　遠近

❶ 외국에 나가면 우리 모두가 국가대표라는 생각으로 [　　　　] 에 신경 써야 한다.

❷ 이 그림은 [　　　　] 을 이용하여 공간을 생생하게 나타냈다.

9

1 한자를 획순에 맞게 쓰고 뜻이 반대(상대)되는 한자를 연결하세요.

여름 하

살 활

낮 주

겨울 동

괴로울 고 / 쓸 고

밤 야

죽을 사

즐길 락

2 문장에 어울리는 단어를 보기에서 찾아 한글로 바꿔 쓰세요.

보기   夏冬   苦樂   晝夜   死活

❶ 영주는 시험에 합격할 때 까지 [   ] 로 쉬지 않고 공부한다.

❷ 우리 팀은 최근 세 경기에서 계속 졌기 때문에 이번 경기 만큼은 [   ] 을 걸고 승부를 겨룰 생각이다.

정답

1단계   p.7

1 ❶ 나타날 현　❷ 사라질 소
　　❸ 모일 사　　❹ 창 창
　　❺ 집 당　　　❻ 겉 표
　　❼ 몸 신　　　❽ 재주 재

2 ❶ 表 / 麦
　　❷ 耳 / 身
　　❸ 俏 / 消
　　❹ 才 / 寸
　　❺ 祉 / 社
　　❻ 堂 / 室
　　❼ 現 / 規
　　❽ 憲 / 窓

3 ❶ 表　❷ 身　❸ 現
　　❹ 窓　❺ 堂　❻ 消
　　❼ 社　❽ 才

4 1. 사장　　2. 천재　　3. 소화
　　4. 식당　　5. 표면　　6. 심신
　　7. 출현　　8. 창문

신나는 코딩 놀이

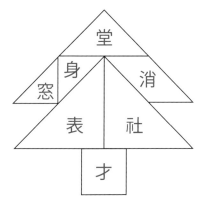

2단계   p.15

1 ❶ 화할 화　　❷ 높을 고
　　❸ 살필 성/덜 생　❹ 필 발
　　❺ 귀신 신　　❻ 쓸 용
　　❼ 날랠 용　　❽ 눈 설

2 ❶ 雪 / 電
　　❷ 神 / 神
　　❸ 發 / 凳
　　❹ 和 / 积
　　❺ 高 / 商
　　❻ 勇 / 勇
　　❼ 甬 / 用
　　❽ 省 / 雀

3 ❶ 雪　❷ 勇　❸ 和
　　❹ 發　❺ 用　❻ 神
　　❼ 省　❽ 高

4 1. 신화　　2. 활용　　3. 자성
　　4. 용기　　5. 발표　　6. 평화
　　7. 고수　　8. 대설

신나는 코딩 놀이

3단계
p.23

1
① 셀 계　　② 들을 문
③ 업 업　　④ 즐길 락 / 음악 악
⑤ 짧을 단　　⑥ 다행 행
⑦ 함께 공　　⑧ 떼 부

2
① 樂 / 藥　　② 業 / 業
③ 剖 / 部　　④ 幸 / 辛
⑤ 間 / 聞　　⑥ 短 / 桓
⑦ 計 / 計　　⑧ 其 / 共

3
① 樂　　② 短　　③ 幸
④ 部　　⑤ 聞　　⑥ 計
⑦ 業　　⑧ 共

4
1. 계산　　2. 국악　　3. 서부
4. 불행　　5. 장단　　6. 공용
7. 소문　　8. 학업

신나는 코딩 놀이
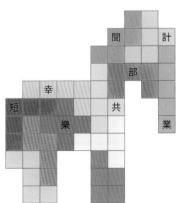

4단계
p.31

1
① 대신할 대　　② 모일 회
③ 소리 음　　④ 뜻 의
⑤ 이룰 성　　⑥ 급할 급
⑦ 몸 체　　⑧ 싸움 전

2
① 音 / 音　　② 盒 / 會
③ 體 / 禮　　④ 意 / 息
⑤ 戴 / 戰　　⑥ 伐 / 代
⑦ 急 / 患　　⑧ 戎 / 成

3
① 成　　② 會　　③ 意
④ 體　　⑤ 戰　　⑥ 急
⑦ 代　　⑧ 音

4
1. 회사　　2. 출전　　3. 시급
4. 신체　　5. 의외　　6. 대표
7. 성장　　8. 음악

신나는 코딩 놀이
① 音 소리 음
② 意 뜻 의
③ 戰 싸움 전
④ 代 대신할 대
⑤ 急 급할 급

정답

5단계   p.39

1 ① 줄 선   ② 맑을 청

    ③ 바람 풍   ④ 어제 작

    ⑤ 부을 주   ⑥ 이로울 리

    ⑦ 약 약   ⑧ 나눌 분

2 ① 注 / 住   ② 晴 / 淸

    ③ 風 / 鳳   ④ 昨 / 作

    ⑤ 緣 / 線   ⑥ 班 / 斑

    ⑦ 藥 / 樂   ⑧ 札 / 利

3 ① 線   ② 昨   ③ 藥

    ④ 利   ⑤ 風   ⑥ 注

    ⑦ 淸   ⑧ 班

4   1. 편리   2. 주의   3. 반장

    4. 차선   5. 약초   6. 작년

    7. 풍력   8. 청풍

신나는 코딩 놀이

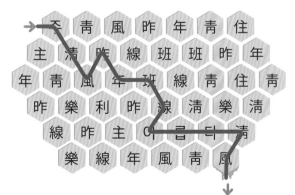

6단계   p.47

1 ① 대할 대   ② 빛 광

    ③ 마실 음   ④ 공 공

    ⑤ 지경 계   ⑥ 다스릴 리

    ⑦ 밝을 명   ⑧ 새 신

2 ① 朋 / 明   ② 親 / 新

    ③ 充 / 光   ④ 功 / 功

    ⑤ 對 / 尌   ⑥ 养 / 界

    ⑦ 瑮 / 理   ⑧ 飮 / 餤

3 ① 明   ② 功   ③ 理

    ④ 光   ⑤ 新   ⑥ 對

    ⑦ 飮   ⑧ 界

4   1. 발명   2. 지리   3. 유공

    4. 신입생   5. 음식   6. 외계

    7. 대화   8. 광선

신나는 코딩 놀이

1	+	9	=	900	원 →	明
4	+	3	=	900	원 →	功
8	+	2	=	900	원 →	理

7단계
p.55

1
① 재주 술　② 뿔 각　③ 뜰 정
④ 이제 금　⑤ 모양 형　⑥ 공 구
⑦ 믿을 신　⑧ 놓을 방　⑨ 무리 등

2
① 座 庭　② 甬 角　③ 等 筹
④ 術 桁　⑤ 令 今　⑥ 佮 信
⑦ 捄 球　⑧ 放 效　⑨ 形 刑

3
① 等　② 角　③ 形
④ 放　⑤ 庭　⑥ 術
⑦ 今　⑧ 信　⑨ 球

4
1. 사각형　2. 방금　3. 불신
4. 형편　5. 수술　6. 고등학교
7. 가정　8. 방학　9. 지구

신나는 코딩 놀이

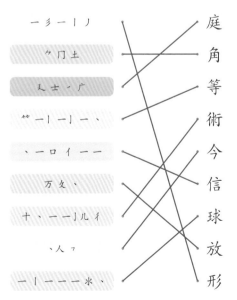

一 ㇏ 一 丨 丿
ㄆ 冂 土
又 士 丶 广
⺮ 一 丨 丨 一 丶
丶 一 口 亻 一 一
万 攵 丶
十 丶 一 一 丨 儿 亻
丶 人 ㇁
一 丨 一 一 一 水 丶

庭
角
等
術
今
信
球
放
形

8단계
p.63

1
① 나눌 분　② 실과 과　③ 그림 도
④ 차례 제　⑤ 옮길 운　⑥ 비로소 시
⑦ 각각 각　⑧ 공평할 공　⑨ 모을 집

2
① 公 今　② 殆 始　③ 夯 分
④ 運 遇　⑤ 各 名　⑥ 隻 集
⑦ 第 弟　⑧ 某 果　⑨ 圖 圓

3
① 果　② 始　③ 分
④ 圖　⑤ 運　⑥ 各
⑦ 第　⑧ 集　⑨ 公

4
1. 분업　2. 행운　3. 시동
4. 성과　5. 도표　6. 각자
7. 공평　8. 집중　9. 제일

신나는 코딩 놀이

集	果	第	各	運	圖	公	分	始
第	始	分	運	公	集	各	果	圖
各	圖	果	公	集	分	始	運	第
公	分	始	集	圖	第	運	各	果
分	公	各	始	第	果	圖	集	運
運	集	圖	第	分	始	果	公	各
圖	各	運	果	始	公	分	第	集
始	運	集	分	果	各	第	圖	公
果	第	公	圖	各	運	集	始	分

9단계
p.71

1 ① 반 반   ② 돌이킬 반   ③ 글 서
   ④ 읽을 독   ⑤ 제목 제   ⑥ 약할 약
   ⑦ 아이 동   ⑧ 과목 과   ⑨ 지을 작

2 ① 皮 / 反   ② 科 / 科   ③ 産 / 童
   ④ 題 / 頭   ⑤ 弱 / 扇   ⑥ 書 / 晝
   ⑦ 傘 / 半   ⑧ 璜 / 讀   ⑨ 作 / 詐

3 ① 書   ② 科   ③ 反
   ④ 題   ⑤ 弱   ⑥ 童
   ⑦ 讀   ⑧ 半   ⑨ 作

4 1. 상반신   2. 도서   3. 문제
   4. 반성   5. 독서실   6. 과학
   7. 약자   8. 동화   9. 작성

신나는 코딩 놀이

❶ 3 6 1 1 2 → 半

❷ 3 1 2 3 6 4 4 1 2 → 科

❸ 3 2 3 1 2 1 1 → 作

❹ 4 1 6 3 1 2 5 1 1 1 2 1 → 童

❺ 5 1 1 1 2 1 2 1 2 5 1 1 → 書

총정리문제
p.77

1 1
江 교 南 東 / 西 北 山 學

2 ① 남북   ② 강산

2 1
男 內 多 大 / 小 外 女 少

2 ① 남녀   ② 내외

3 1
老 問 父 上 / 母 少 答 下

2 ① 부모   ② 상하

4

1

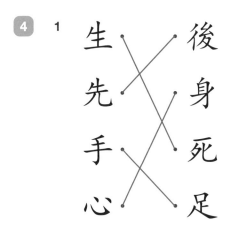

生　　後
先　　身
手　　死
心　　足

2 ❶ 생사　　❷ 심신

7

1

祖　　低
強　　孫
高　　合
分　　弱

2 ❶ 강약　　❷ 조손

5

1

日　　後
長　　月
前　　短
左 —— 右

2 ❶ 좌우　　❷ 장단

8

1

古　　夕
朝　　行
言　　今
遠 —— 近

2 ❶ 언행　　❷ 원근

6

1

天　　弟
春　　入
出　　地
兄　　秋

2 ❶ 출입　　❷ 춘추

9

1

夏　　活
晝　　冬
苦　　夜
死　　樂

2 ❶ 주야　　❷ 사활

쑥쑥
급수한자 쓰기노트 6급 상

초판 발행   2025년 2월 25일

저자   허은지 · 박진미
발행인   이기선
발행처   제이플러스
등록번호   제10-1680호
등록일자   1998년 12월 9일
주소   경기도 고양시 덕양구 향동로 217
구입문의   02-332-8320
팩스   02-332-8321
홈페이지   www.jplus114.com
ISBN   979-11-5601-276-4